Trainingslehre in der Fitnessökonomie. Trainingsplanung für eine 30-jährige Frau ohne sportliche Aktivitäten

GRIN ☺

Bibliografische Information der Deutschen Nationalbibliothek:

Die Deutsche Nationalbibliothek verzeichnet diese Publikation in der Deutschen Nationalbibliografie; detaillierte bibliografische Daten sind im Internet über http://dnb.d-nb.de abrufbar.

ISBN: 9783346900845
Dieses Buch ist auch als E-Book erhältlich.

© GRIN Publishing GmbH
Trappentreustraße 1
80339 München

Druck und Bindung: Books on Demand GmbH, Norderstedt Germany
Gedruckt auf säurefreiem Papier aus verantwortungsvollen Quellen

Das vorliegende Werk wurde sorgfältig erarbeitet. Dennoch übernehmen Autoren und Verlag für die Richtigkeit von Angaben, Hinweisen, Links und Ratschlägen sowie eventuelle Druckfehler keine Haftung.

Das Buch bei GRIN: https://www.grin.com/document/1368380

Deutsche Hochschule für

Prävention und Gesundheitsmanagement

Hermann Neuberger Sportschule 3

66123 Saarbrücken

Einsendeaufgabe

Fachmodul: Trainingslehre 1

Studiengang: Fitnessökonomie

Inhaltsverzeichnis

1 Diagnose

1.1 Allgemeine und biometrische Daten

1.1.1 Die allgemeinen Daten

Tab. 1 Allgemeine Daten der Person

Alter:	30 Jahre
Geschlecht:	Weiblich
Körpergröße:	170 cm
Körpergewicht:	78,1 kg
Körperfettanteil:	33%
BMI:	26,98 kg/m²
Blutdruck:	138/90 mmHg
Ruhepuls:	75 Schläge/Minute
Beruf:	Sekretärin
Trainingsmotive:	Rückenschmerzen reduzieren, Gewichts-reduktion
Sportliche Aktivitäten:	keine
Zeitlicher Verfügungsrahmen:	2-3 mal die Woche (à 60-80 Minuten)
Einnahme von Medikamenten:	Keine

1.1.2 Biometrisch

- Laut Normtabelle(Tab.2) liegt bei der Testperson der Blutdruck 138/90 mmHg vor, somit eine arterielle Hypertonie der Stufe 1. Genauer eine isolierte diastolische Hypertonie

Tab. 2 Blutdruckklassifikation der American Heart Association (Manica, et al., 2013, S. 1286)

Bewertungsstufen	systolischer Blutdruck	diastolischer Blutdruck
Normblutdruck (Normotonie)		
optimal	unter 120 mmHg	unter 80 mmHg
normal	unter 130 mmHg	unter 85 mmHg
hochnormal	130-139 mmHg	85-89 mmHg
Bluthochdruck (arterielle Hypertonie)		
Stufe 1	140-159 mmHg	90-99 mmHg
Stufe 2	160-179 mmHg	100-109 mmHg
Stufe 3	> 180 mmHg	> 110 mmHg

- Ruhepuls: 75 Schläge/Minute
  - Normwert zwischen 60 bis 80 Schlägen (Burri, 2013, S. 34)
- Körperfett: 33%
  - Normwert beträgt 21–33 % (Gallagher, et al., 2000)

1.1.3 Gesundheitszustand

- Rückenschmerzen
  - Empfinden auf einer Scala VAS-Skala: 8

Tab. 3 Visuelle Analogskala

Keine Schmer-zen	1	2	3	4	5	6	7	8	9	10	Stärkste vorstell-bare Schmer-zen
								X			

- BMI = 78kg/1,70m² = 26,98 kg/m²
  - Normwert zwischen 18,5 kg/m² und 24,99 kg/m² (WHO :: Global Database on Body Mass Index, 2008)
- Es liegen keine Ärztlichen Befunde vor
- Medikamente werden nicht eingenommen

- Kundenwusch Körperstraffung
  - ➢ jetziger Bauchumfang 75cm

1.2 Krafttestung

1.2.1 Auswahl ILB (Individuelles Leistungsbild)

Als Testverfahren wird das ILB (Individuelle Leistungsbild) ausgewählt. Die ILB-Methode folgt zu Beginn in einer Orientierungsphase (Personen ohne jegliche Krafttrainingserfahrung). Laut Aufgabenstellung hat diese Phase bereits stattgefunden. Nach 6-8 Wochen wechselt man dann nach dem ILB-Schema zu einem Mehrwiederholungskrafttest. Diese Methode ist in der Praxis des fitness- und gesundheitsorientierten Krafttrainings weit verbreitet (Strack & Eifler, 2005, S. 153). Der Kerngedanke des ILB-Tests besteht darin, das maximale Gewicht für diejenige Wiederholungszahl auszutesten, mit der im folgenden Zyklus trainiert werden soll (Strack & Eifler, 2005, S. 160). Somit für die Kundin perfekt, da genau die Wiederholungszahl benutzt wird mit der später trainiert wird.

1.2.2 ILB- Test (Individuelle Leistungsbild-Methode) Kraft / Vorgehensweise bei der Umsetzung der ILB-Methode

1.2.2.1 Schritt 1

Festlegung der Trainingszielsetzung, der Übungen und der entsprechenden Wiederholungszahlen. Für das Grobraster der ILB-Methode hinsichtlich der Wiederholungszahlen werden bei der ILB-Methode die folgenden Empfehlungen ausgesprochen:

- Kraftausdauertraining: 15-30 Wiederholungen
- Hypertrophietraining: 8-15 Wiederholungen
- Maximalkrafttraining: 5-8 Wiederholungen

1.2.2.2 Schritt 2

Durchführung des Tests. Es gilt, das "maximal" mögliche Gewicht für die entsprechende Wiederholungszahl, die später im Training angewendet wird, auszutesten. Trainiert der Kunde bei einer Übung mit 20 Wiederholungen, wird der ILB-Test für diese Übung ebenfalls mit 20 Wiederholungen durchgeführt.

Das Testergebnis ist erreicht, wenn der Kunde mit dem ausgewählten Gewicht nicht mehr, und auch nicht weniger Wiederholungen bewältigen kann.

Der Test läuft folgendermaßen ab:

1. Allgemeines Aufwärmen
   Besteht aus 5-15 Minuten dynamischem Training der großen Muskelgruppen (z. B. beim Radfahren, Laufen, Walking usw.). Herzfrequenz dabei sollte 160 Schläge pro Minute minus Lebensalter sein.
2. Spezielles Aufwärmen
   Mit wenig Gewicht die Bewegung richtig ausführen
3. Erster Testsatz mit der geforderten Wiederholungszahl (maximal sollten höchstens drei Testsätze absolviert werden)

1.2.2.3 Schritt 3

Umsetzung des Testergebnisses in die Trainingsplanung. Auswahl der Trainingsintensität anhand eines ILB-Grobrasters. (Gießing, 2005, S. 153)

Tab. 4 Grobraster zur Trainingsplanung nach der ILB-Methode (modifiziert nach Strack & Eifler,2005, S. 153)

Leistungs- stufe	Zeitstufe (Monate)	Orga.- form	Einheiten/ Woche	Übungen/ Muskel	Sätze/ Übung	Intensität in % ILB
Orientierungs- stufe	0-1,5	GK	2	1-2	1-2	gering
Beginner	1,5-6	GK	2	1-2	1-2	50-70
Geübter	6-12	GK	2-3	1-2	2	60-80
Fortgeschrit tener	> 12	GK/ Split	3-4	1-3	2-3	70-90
Leistungs- trainierender	> 36	GK/ Split	3-6	1-4	2-4	80-100

GK=Ganzkörpertraining

Split=Split-Training

1.2.3 Durchführung des Tests

Nach einem allgemeinen und speziellen Aufwärmen wird der erste Testsatz durchgeführt.

Getestet wird das maximal sauber vollzogene Gewicht für 20

Wiederholungen. Werden die 20 Wiederholungen nicht absolviert, so wird im folgenden Testsatz das Gewicht um 5 %, 10 % oder 25 % erhöht. Das Testgewicht war erreicht, wenn die zwanzigste Wiederholung gerade noch sauber durchgeführt wird.

1.2.3.1 Ausführung

Tab. 5 Testdurchführung ILB auf der Basis von 20 Wiederholungen

Testübung	Testsatz 1	Testsatz 2	Testsatz 3	Ergebnis
Beinstrecker (Maschine)	22,5 kg	25 kg	-	25 kg
Beinbeuger (Maschine	25 kg	28 kg	-	28 kg
Rudern (Maschine mit Polster an der Brust)	13,5 kg	-	-	13,5 kg
Butterfly (Maschine)	7,5 kg	8,5 kg	10 kg	10 kg
Trizepsdrücken (Seilzug)	12,5 kg	-	-	12,5 kg
Rückenstrecker (Maschine)	25 kg	-	-	25 kg
Bauch gerade (Maschine)	10 kg	12,5 kg	15 kg	15 kg
Bauch schräg (Maschine)	15 kg	-	-	15 kg

1.2.3.2 Schlussfolgerung

Mit dem ILB-Test kann man auf die individuellen Leistungslevel der Trainierenden eingehen. Die Trainierenden sind in Leistungsgruppen unterteilt und somit kann auf jeden Leistungstyp individuell eingegangen werden und die Trainingsintensität genau berechnet werden. So ist auch ein guter Vergleich zwischen Personen in der gleichen Leistungsgruppe erkennbar. Die Trainingsdokumentation ist übersichtlich durch viele verschiedene Parameter. Somit wird die Person in die Beginner Stufe laut ILB-Grobrater eingeordnet (Tab.4 (Gießing, 2005, S. 153)). Trainiert damit in einer Belastungsstufe zwischen 50% und 70%. Durch die progressive Belastungssteigerung wird der bestmögliche Fortschritt erzielt indem man die Intensität zwischen 50% und 70% wöchentlich erhöht.

2 Zielsetzung/Prognose

2.1 Ziele

2.1.1 Körperformung

Tab. 6 Ziel Körperformung

Inhalt	Ausmaß	Zeit
Körperfettreduktion	-5%	1 Jahr
Gewichtsreduktion grob	10 kg	1 Jahr
Körperformung	-1 cm Umfang	6 Wochen
Gewichtsreduktion fein	2 kg	6 Wochen

Kundenwunsch ist es den Körper zu formen, zählt somit zum Trainingsmotiv. Und eine Gewichtsreduktion um 10 kg bewirkt, dass der BMI dann mit 23,5 kg/m² im Normwert liegt (WHO :: Global Database on Body Mass Index, 2008).

2.1.2 Blutdruck

Tab. 7 Ziel Blutdruck

Inhalt	Ausmaß	Zeit
Blutdrucksenkung	-10/-5 mmHg	3 Monate

Der Blutdruck der Kundin hat einen hohen diastolischen Wert der in der Hypertonie Stufe 1 liegt. Wurde nicht als Trainingsmotiv angegeben aber ist wichtig für die Gesundheit. Ein hoher diastolischer Blutdruck ist auf die Versteifung der Gefäße und nachlassender Windkesselfunktion zurückzuführen. (Middeke, 2005)

2.1.3 Schmerzempfinden

Tab. 8 Ziel Schmerzempfinden

Inhalt	Ausmaß	Zeit
Absenkung Schmerzscala grob	5 Punkt	1 Jahr
Absenkung Schmerzscala fein	1 Punkt	6 Wochen

Linderung der Rückenschmerzen wurde von der Kundin gefordert. Dieses Trainingsmotiv wird anhand der VAS-Skala (Tab. 3 Visuelle Analogskala S.5) realisiert.

3 Trainingsplanung Makrozyklus

3.1 Makrozyklusplanung

Tab. 9 Darstellung des erstellten Makrozyklus

	Mesozyklus 1	Mesozyklus 2	Mesozyklus 3	Mesozyklus 4
Dauer	6 Wochen	6 Wochen	6 Wochen	6 Wochen
Trainings-methodik	Kraftausdauer-training	Hypertrophie-training	Hypertrophie-training	Maximalkraft-training
Organisations-form	Ganzkörper-training/Station	Ganzkörper-training/Station	Ganzkörper-training/Station	Ganzkörper-training/Station
Häufigkeit/ Woche	2	2	2	2
Übungen/ Muskel	1-2	1-2	1-2	1-2
Sätze/ Übung	1-2	1-2	1-2	1-2
Intensität	50%-70% (nach ILB)	50%-70% (nach ILB)	50%-70% (nach ILB)	50%-70% (nach ILB)
Wieder-holungen	20	15	10	6
Satzpausen	60 Sekunden	60 Sekunden	90 Sekunden	90 Sekunden
Geschwindig-keit	2-0-2	2-0-2	2-0-2	2-0-2

3.2 Erklärung

3.2.1 Begründung der Trainingsmethode

Aufgrund der Trainingsmotivs Gewichtsreduktion und Körperformung wurde Kraftaus-dauertraining als erste Trainingsmethode ausgewählt. Kraftausdauertraining hat auch noch einen positiven Effekt auf den Blutdruck.

Das Kraftausdauertraining bereitet die Kundin auch auf das Hypertrophietraining vor da es sich bei ihr um das Leistungslevel Beginner handelt. Um die Rückenschmerzen zu lindern. Denn eine starke Rückenmuskulatur beugt Schmerzen vor und reduziert vorhandene Schmerzen (Weishaupt, 1999).

Nach 2 Phasen Hypertrophie wird nochmal zur Stärkung der Rückenmuskulatur eine Maximalkraftphase empfohlen.

3.2.2 Begründung der Belastungsparameter

Wenn die Trainingsintensität größer als 50% der individuellen Maximalkraft ist, erzielt die Kundin die besten Effekte (Güllich & Schmidtbleicher, 1999). Deshalb passt die 50%-70% nach ILB perfekt. Regelmäßiges Krafttraining bewirkt eine Kraftsteigerung. Daher wurde zwei Mal pro Woche angesetzt, denn dies entspricht den Vorgaben der Kundin. Mit der Anpeilung von 1-2 Übungen pro Muskelgruppe ist gewährleistet, dass Die Kundin nicht einseitig trainiert.

3.2.3 Begründung der Organisationsform

Für Beginner ist das Ganzkörpertraining die beste Art alle Muskeln zu trainieren und nicht einseitig zu werden. Dies ist gerade wichtig im Hinblick auf die Rückenschmerzen. Das Gleichgewicht zwischen Rücken- und Bauchmuskulatur ist ausschlaggebend. Da die zeitliche Verfügbarkeit der Kundin 2-3 Mal die Woche beträgt passt zwei Mal die Woche optimal.

3.2.4 Begründung der Periodisierung

Für die Periodisierung wurde eine klassische lineare Periodisierung gewählt. Denn im Vergleich zu einer reversen linearen Periodisierung konnte sich die klassische lineare Periodisierung im Hinblick auf die Steigerung der Kraftleistung als effektiver beweisen (Prestes, Lima, Frollini, Donatto, & Conte, 2008).

4   Trainingsplanung Mesozyklus

4.1   Mesozyklus 1

Tab. 10 Darstellung Mesozyklus 1

Zyklusdauer	6 Wochen
Trainingsziel	Hypertrophietraining
Trainingseinheiten pro Woche	2
Bewegungstempo	2-0-2
Intensität	50%-70% (nach ILB)

Aufwärmen: 10-15 Minuten	

Übung	Wiederholung	Sätze	Satzpausen	ILB-Test	Woche 1 – 50% ILB	Woche 2 – 50% ILB	Woche 3 – 60% ILB	Woche 4 – 60% ILB	Woche 5 – 70% ILB	Woche 6 – 70% ILB
Beinstrecker (Maschine)	15	2	60 Sekunden	25 kg	12,5 kg	12,5 kg	15 kg	15 kg	17,5 kg	17,5 kg
Beinbeuger (Maschine	15	2	60 Sekunden	28 kg	14 kg	14 kg	16,5 kg	16,5 kg	20 kg	20 kg
Rudern (Maschine mit Polster an der Brust)	15	2	60 Sekunden	13,5 kg	7 kg	7 kg	8 kg	8 kg	10 kg	10 kg
Butterfly (Maschine)	15	2	60 Sekunden	10 kg	5 kg	5 kg	6 kg	6 kg	7 kg	7 kg
Trizepsdrücken (Seilzug)	15	2	60 Sekunden	12,5 kg	6 kg	6 kg	7,5 kg	7,5 kg	9 kg	9 kg
Rückenstrecker (Maschine)	15	2	60 Sekunden	25 kg	12,5 kg	12,5 kg	15 kg	15 kg	17,5 kg	17,5 kg

Bauch gerade (Maschine)	15	1	-	15 kg	8 kg	8 kg	9 kg	9 kg	10,5 kg	10,5 kg
Bauch schräg (Maschine)	15	1	-	15 kg	8 kg	8 kg	9 kg	9 kg	10,5 kg	10,5 kg

4.2 Erklärung

Alle Übungen sind an geführten Maschinen. Vorteile sind, die einfach und schnell zu erlernende Bewegungsausführung und dadurch weniger Fehlerbilder. Für Beginner erleichtert sich der Trainingseinstieg.

Die Fascia thoracolumbalis sollte im Hinblick auf chronische Rückenschmerzen immer in Betracht gezogen werden. Sie bedeckt die autochthonen Rückenmuskeln im Brust- und Lendenbereich und dient ebenfalls als Ursprung für mehrere Muskeln. Das oberflächliche Blatt ist an der Crista iliaca und an den Processus spinosi der Wirbel befestigt und bedeckt den Musculus erector spinae von dorsal. Das tiefe Blatt ist an der Crista iliaca, den unteren Rippen und den Processus costales der Lendenwirbel befestigt. Es umschließt den Musculus erector spinae von ventral sowie den Musculus quadratus lumborum von dorsal. Sie dient dem Musculus latissimus dorsi, Musculus serratus posterior inferior, Musculus obliquus internus abdominis und dem Musculus transversus abdominis als Ursprung. Daher wurden Übungen ausgewählt, die diese Muskeln ansprechen und somit der Kräftigung der Rückenmuskulatur bewirken. Somit die Linderung der Rückenschmerzen einleiten.

Beinbeuger, Beinstrecker und Butterfly komplettieren den Ganzkörperplan.

Der größte Erfolg wurde bei einer Satzpause von 60 Sekunden erzielt (Kraemer, et al., 1990)

5 Literaturrecherche Effekte des Krafttrainings bei Diabetes mellitus Typ-2

5.1 1. Studie: Kombiniertes Ausdauer- und Krafttraining für bessere Fitness und Blutzuckereinstellung beim Typ 2-Diabetes (Maiorana, O'Driscoll, Goodman, Taylor, & Green, 2002)

Wer hat die Studien durchgeführt?	Maiorana A, O'Driscoll G, Goodman C, Taylor R, Green D
In welchem Jahr wurden die Studien publiziert?	2002
Mit welchen Versuchspersonen wurden die Studien durchgeführt?	16 Personen (14 Männer, 2 Frauen) mit einem durchschnittlichen Alter von 52 Jahren
Wie sah der Versuchsaufbau der Studie aus?	<ul><li>10-minütigen Warm-Up</li><li>Zirkel mit sieben Kraftübungen (Beinpresse beidseits, linke und rechte Hüftextension, Brustmuskelübung, Schulterextension, sitzende Bauchmuskelübung und Beinflexion beidseits) mit geführten Gewichten und acht Ausdauerübungen(Fahrradergometer) jeweils alternierend absolviert.<ul><li>45 Sek Training – 15 Sek Pause zum Wechseln</li><li>Kraftübungen mit 55% der Vortrainingsmaximallast</li><li>Ausdauerübungen bei 70% der maximalen Herzfrequenz</li></ul></li><li>10-minütigen Cool-Down</li></ul>

Welche relevanten Ergebnisse und Schlussfolgerungen lieferten die Studie?	Alle Probanden absolvierten die 24 Trainingseinheiten und das Zirkel-Training wurde gut toleriert ohne Nebenerscheinungen oder Ausfälle.

Tab. 11 Studie 1 zum Thema "Krafttraining bei Diabetes mellitus Typ 2"

5.2 2. Studie: A prospective study of weight training and risk of type 2 diabetes mellitus in men (Grøntved, Rimm, Willett, Andersen, & Hu, 2012)

Tab. 12 Studie 2 zum Thema "Krafttraining bei Diabetes mellitus Typ 2"

Wer hat die Studien durchgeführt?	Grøntved A, Rimm EB, Willett WC, Andersen LB, Hu FB
In welchem Jahr wurden die Studien publiziert?	2012
Mit welchen Versuchspersonen wurden die Studien durchgeführt?	32.002 Männer mit Diabetes
Wie sah der Versuchsaufbau der Studie aus?	Langzeitstudie über 18 Jahre
Welche relevanten Ergebnisse und Schlussfolgerungen lieferten die Studie?	Am effektivsten ist eine Kombination von Ausdauertraining und Kraftsport. Männer, die beides jeweils zweieinhalb Stunden pro Woche ausübten, hatten ein um 59 Prozent gesenktes Diabetesrisiko

6 Literaturverzeichnis

Burri, C. (2013). *Die einfachen Kreislaufgrößen beim chirurgischen Patienten.* Springer-Verlag.

Eifler. (2000). *Krafttraining nach der ILB-Methode – Eine empirische.* Saarbrücken: Diplomarbeit, Universität des Saarlandes.

Fleck, & Kreamer. (2004). *Prozentualer Beitrag an der Maximalkraftsteigerung: Gewichtung der Einflussfaktoren Hypertrophie und Koordination in Abhängigkeit vom Trainingsalter.*

Gallagher, D., Heymsfield, S., Heo, M., Jebb, S., Murgatroyd, P., & Sakamoto, Y. (2000). *Healthy percentage body fat ranges: an approach for developing guidelines based on body mass index.* American Society for Clinical Nutrition.

Gießing, J. (2005). *Current Results of Strength Training Research.* Cuvillier Verlag.

Grøntved, A., Rimm, E., Willett, W., Andersen, L., & Hu, F. (2012). A prospective study of weight training and risk of type 2 diabetes mellitus in men.

Güllich, A., & Schmidtbleicher, D. (1999). *Deutsche Zeitschrift für Sportmedizin, 50*(7,8), 223-234.

Joch, W., & Ückert, S. (1999). *Grundlagen des Trainierens (2. Aufl.).* Münster: Lit.

Kraemer, W. J., Marchitelli, L., Mc Curry, D., Mello, R., Dziados, J. E., & Fleck, S. (1990). *Hormonal and growth factor responses to heavy resistance.* Journal of Applied Physiology.

Maiorana, A., O'Driscoll, G., Goodman, C., Taylor, R., & Green, D. (2002). *Combined aerobic and resistance exercise improves glycemic control and fitness in type 2 diabetes.* Australien: Diabetes Research and Clinical Practice.

Manica, G., Fagard, R., Narkiewicz, K., Redòn, J., Zanchetti, A., & Böhm, M. (2013). 2013 ESH/ESC Guidelines for the management of arterial. The task force for the management of arterial hypertension of the European Society of Hypertension (ESH) and of the EuropeanSociety of Cardiology (ESC). *Journal of hypertension, 31*(7), S. 1281–1357.

Middeke, M. (2005). *MANAGEMENT HYPERTONIE JOURNAL BY FAX.* Abgerufen am 10. 6 2016 von https://www.hochdruckliga.de/tl_files/content/dhl/journal-by-fax/nr1_2005.htm

Prestes, J., Lima, C. d., Frollini, A. B., Donatto, F. F., & Conte, M. (2008). Comparison of linear and reverse linear Periodization effects on maximal. *Journal of Strength and Conditioning, 23*(1), 266-274.

Strack, A., & Eifler, C. (2005). *The individual lifting performance method (ILP). A practical method for fitness- and recreational strength training.* Göttingen: Cuvillier.

Weishaupt, P. (1999). Krafttraining - effiziente Behandlung bei chronischen Rückenschmerzen - eine Einzelfallstudie. *Physikalische Therapie 2*, 84-86.

WHO :: *Global Database on Body Mass Index.* (2008). Abgerufen am 17. 04 2016 von http://apps.who.int/bmi/index.jsp?introPage=intro_3.html

Zimmer. (1999). *Methodischer Ablauf eines Mehrwiederholungskrafttests zur Ermittlung des 12-RM.*

7 Abbildungs- und Tabellenverzeichnis

7.1 Tabellenverzeichnis

BEI GRIN MACHT SICH IHR
WISSEN BEZAHLT

- Wir veröffentlichen Ihre Hausarbeit,
  Bachelor- und Masterarbeit

- Ihr eigenes eBook und Buch -
  weltweit in allen wichtigen Shops

- Verdienen Sie an jedem Verkauf

Jetzt bei www.GRIN.com hochladen
und kostenlos publizieren